Made in the USA
Monee, IL
03 September 2022

13181912R10062